D1727042

Herzliche Grüße

Zusammengestellt
von Roland Leonhardt

skv edition

Aufmerksamkeit ist die höchste aller Fertigkeiten und Tugenden.

Johann Wolfgang von Goethe

Beide schaden sich selbst: der zuviel verspricht und der zuviel erwartet.

Gotthold Ephraim Lessing

Wir wundern uns nie über den Sonnenaufgang einer Freude, sondern über den Sonnenuntergang derselben. Jean Paul

Anmut ist ein Ausströmen der inneren Harmonie. Marie von Ebner-Eschenbach

Blumen sind das Lächeln der Erde.
Ralph Waldo Emerson

Wo zwei sind, die sich verstehen, ist eine neue Welt geboren.

Roland Leonhardt

Als ich eines Morgens aufwachte und zum Fenster hinausblickte, da war mir, als wäre die Welt neu geboren. Die Sträucher und Bäume leuchteten in einem feurigen Grün, und zahlreiche bunte Blumen standen in Konkurrenz zu den wilden Blüten meines Gartens.

Alles erschien mir so paradiesisch, so neu und einmalig, daß ich noch eine ganze Weile am Fenster stand und in die friedliche, stille und geheimnisvolle Schöpfung hineinblickte.

Dankbar nahm ich diesen jungen Tag entgegen.

Roland Leonhardt

Die Wahrheit ist vorhanden für den Weisen, die Schöpfung für ein fühlend Herz.

Friedrich von Schiller

Es lebt nur der, der lebend sich am Leben freut.

Menander

Manchmal müssen wir warten, bis das Boot
des Lebens wieder fährt . . .   Roland Leonhardt

Nur Reisen ist Leben, wie umgekehrt das Leben Reisen ist.

Jean Paul

Denken heißt träumen. Weise sein heißt schön träumen.

Friedrich von Schiller

Das Größte und Schönste dem Zufall zuzuschreiben, wäre gar zu leichtfertig.

Aristoteles

Ein tiefer Fall führt oft zu höherm Glück.

William Shakespeare

Zusammen in einem Boot kann man die ganze Welt umrunden. Roland Leonhardt

Wenn die Natur zu Musik wird, dann tönt es uns überall entgegen, dann hat jede Schneeflocke und jeder Regentropfen seinen eigenen Klang. Und da wird aus dem mächtig dahinfließenden Strom eine großartige Symphonie, darüber dann die Sterne am Abend herrlich präludieren. Wenn die Natur zu Musik wird, dann ist der Mensch im Paradies. Nur hören – muß dies ein jeder Mensch selbst.

Roland Leonhardt

Nicht in die ferne Zeit verliere dich! Den Augenblick ergreife, der ist dein.

Friedrich von Schiller

Wir mögen die Welt durchreisen, um das Schöne zu finden, aber wir müssen es in uns tragen, sonst finden wir es nicht.

Ralph Waldo Emerson

Glückliche Menschen wachsen über sich
selber hinaus. Roland Leonhardt

Das Geheimnis der kleinsten natürlichen Freude geht über die Vernunft hinaus.

Vauvenargues

Es ist sehr schwer, das Glück in uns zu finden, und es ist unmöglich, es anderswo zu finden.

Chamfort

Man muß andere kennenlernen, um sich selbst zu kennen.

Ludwig Börne

Blumen sind die schönen Worte und Hieroglyphen der Natur, mit denen sie uns andeutet, wie lieb sie uns hat!

Johann Wolfgang von Goethe

O eine edle Himmelsgabe ist das Licht des Auges. Alle Wesen leben vom Lichte, jedes glückliche Geschöpf, die Pflanze selbst kehrt freudig sich zum Lichte.

Friedrich von Schiller

Lassen wir doch unsere Träume fliegen.
Wer weiß, vielleicht fällt einmal ein Traum
zur Erde und wird Wirklichkeit.

Roland Leonhardt

Bildnachweis:
Umschlagbild: L. Conrad
Innenbilder: S. 5, 9: TIPHO-Bildarchiv; S. 7: M. Schmitt;
S. 11: A. Süssner; S. 13: L. Conrad; S. 15: R. Haak; S. 17:
W. Rauch; S. 19: N. Kustos; S. 21: P. Santor; S. 23: F.
Jenne

Die Deutsche Bibliothek – CIP-Einheitsaufnahme

Herzliche Grüße / zsgest. von Roland Leonhardt. –
Lahr: SKV-Ed., 1994
  (Kleines Grußbüchlein ; 93171)
  ISBN 3-87729-553-3
NE: GT

ISBN 3-87729-553-3

Kleines Grußbüchlein 93 171
© 1994 by SKV-Edition, Lahr
Gesamtherstellung:
St.-Johannis-Druckerei, 77922 Lahr
Printed in Germany   3322/1994